Made in the USA
Monee, IL
15 December 2021

85697824R00069